À tous les enfants,
pour qu'ils se protègent.
F. R.-F.

Conception graphique et réalisation :
Laurence Moinot
Conforme à la loi n°49-956 du 16 juillet 1949
sur les publications destinées à la jeunesse

ISBN : 978-2-09-202220-7
N° d'éditeur : 10149810
Dépôt légal : février 2008
Imprimé en France par Pollina - n° L45858

EN GRANDE FORME

LES DANGERS

Dr. Françoise Rastoin-Faugeron

Illustrations : Benjamin Chaud

Nathan

Sommaire

Ce lundi n'est pas un jour comme les autres à l'école. Rémi, Lilou et leurs copains attendent avec impatience Bernard, le pompier.

– Salut les enfants ! dit le pompier. Je m'appelle Bernard et je suis Capitaine des pompiers.
– Ton métier, c'est d'éteindre les feux ? interroge Lilou.
– Oui ! répond Bernard, mais je vais aussi secourir les blessés après les accidents.
– Tu vas nous en raconter, des accidents ? demande un garçon.
– Je vais plutôt vous dire comment les éviter. On commence ?

9

– Regardez bien cette affiche, dit Bernard.
– C'est une maison ! crient les enfants.
– À la maison, on est bien... poursuit Bernard. Pourtant, il y a des choses dangereuses. Qui va trouver le premier ce qui est dangereux dans cette cuisine ?
– Les casseroles sur le feu... et le four ouvert aussi, dit tout de suite Rémi.

Dans la cuisine, attention !

Attention aux brûlures !
Quand une casserole est sur le feu ou que le four est allumé, tu dois t'en tenir éloigné.

Attention aux coupures !
Apprends à bien tenir un couteau avant de t'en servir.

Attention au four à micro-ondes !
Se servir d'un four à micro-ondes paraît facile, mais, avant de l'utiliser, il faut bien le connaître.

Quand on s'est brûlé, il faut tout de suite placer l'endroit brûlé sous l'eau froide pendant un bon moment.

1. Quand la cuisinière est éteinte, on ne risque rien.

☐Vrai ☐Faux

2. Quand on sort un plat du four à micro-ondes, même s'il est froid, on risque de se brûler.

☐Vrai ☐Faux

3. La cuisine est l'endroit de la maison où il y a le plus d'accidents.

☐Vrai ☐Faux

Réponses: **1. Faux.** Les casseroles et le four peuvent encore être chauds et brûler. **2. Vrai.** Avant de manger ce qui a chauffé au four à micro-ondes, on doit bien mélanger et goûter si ce n'est pas trop chaud. **3. Vrai.**

12 Une lampe à la main, Bernard demande :

– Vous savez tous grâce à quoi une lampe fonctionne ?

– L'électricité ! crient les enfants.

– Mais pourquoi on nous dit toujours que l'électricité, c'est dangereux ? interroge Lilou.

Pourquoi c'est dangereux, l'électricité ? 13

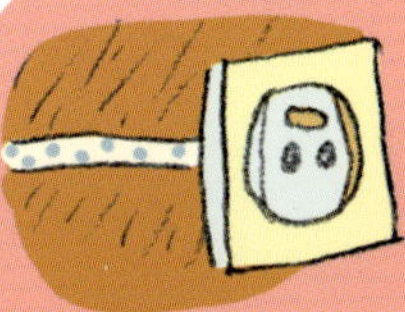

L'électricité, c'est comme des milliards de petites billes microscopiques, les électrons, qui circulent dans un fil. Ce sont les électrons qui fournissent l'**énergie** qu'on appelle «courant électrique».

En branchant une lampe, par exemple, on met en contact le fil de la lampe et celui du mur, ce qui permet à l'électricité de passer et d'allumer la lampe.

On ne doit jamais mettre les doigts dans une prise de courant : au lieu de passer dans le fil d'un appareil électrique, le courant passe dans le corps. On peut mourir par **électrocution**.

On ne doit jamais s'amuser avec une prise de courant.

QUIZZ

Qu'est-ce qui est le plus dangereux quand on utilise un appareil électrique et qu'on est mouillé ?

1. On risque de le mouiller et de l'abîmer.
2. On risque de s'électrocuter.
3. Il risque de glisser des mains et de tomber.

Réponse : **2.**

– Ces bouteilles, dit Bernard, contiennent des produits utilisés à la maison pour le ménage ou le bricolage.

– Pourquoi il y a des dessins dessus ? demande une fille.

– Pour signaler que le produit peut être dangereux, répond le pompier. Le danger, qui n'est pas le même pour tous les produits, est représenté par un petit dessin qu'on appelle un pictogramme.

Que veulent dire ces pictogrammes ?

Ça peut flamber.

C'est **toxique**.

Ça peut tuer.

Ça peut exploser.

Ça détruit la nature.

Même s'il n'y a pas de pictogramme sur leurs boîtes, les médicaments peuvent aussi être dangereux : il ne faut jamais jouer avec.

Sur les emballages de produits ménagers, il n'y a pas de dessin indiquant qu'ils sont interdits aux enfants.

Dessine un pictogramme qui voudrait dire : « Interdit aux enfants ! »

Bernard installe des voitures et des piétons sur un circuit.
– Maintenant, on va jouer au parcours sans risque ! annonce-t-il.
– Comment on y joue ? demandent les enfants.
– C'est simple, explique Bernard. Le piéton doit se rendre à l'école en partant de la maison. Mais attention ! il ne peut arriver à l'école que s'il est prudent et qu'il ne prend pas de risques.

Dans la rue, il faut être prudent !

Traverse sur les passages pour piétons et regarde bien des deux côtés avant de traverser.

Aux feux, attends que le petit bonhomme soit devenu vert avant de traverser.

Ne cours pas sur le trottoir et surtout pas derrière un ballon. S'il roule sur la chaussée, tu es tenté d'aller vite le chercher, sans voir les voitures qui arrivent.

Rappelle-toi que, tant que tu es petit, le conducteur ne peut pas bien te voir.

En voiture, il faut mettre sa ceinture de sécurité, même pour les petits trajets.

Il t'arrive sûrement de te promener en vélo. Connais-tu les règles de la prudence en vélo ? Coche les bonnes cases.

- ☐ Mettre un casque.
- ☐ Connaître et respecter les panneaux de signalisation.
- ☐ Chanter une chanson.
- ☐ Ne pas rouler la nuit sans lumière.
- ☐ Manger une pomme.
- ☐ Conduire d'une seule main.

Réponses : Mettre un casque. Connaître et respecter les panneaux de signalisation. Ne pas rouler la nuit sans lumière.

18 Le pompier déplie alors un grand poster.

– Regardez les garçons sur le toboggan, ils sont fous ! fait remarquer une petite fille.

– Il s'en passe des choses, au square ! poursuit Bernard. On s'amuse bien, mais on se fait des bobos ! Heureusement, le plus souvent, ce n'est pas grave.

Comment soigner les petites blessures ?

Quand on s'est cogné, on peut appliquer un glaçon, si on en a un sous la main : cela évite qu'une bosse ne se forme.

Si on s'est blessé et qu'on saigne, la plaie doit être nettoyée et recouverte d'une compresse ou d'un linge propre. Quand la plaie est profonde, il faut aller voir un médecin.

Quand on saigne du nez et que ce n'est pas grave, il est recommandé de se pincer le nez en penchant un peu la tête en avant.

Quand la blessure est plus grave, on doit aller à l'hôpital.

TEST

Et toi, es-tu prudent quand tu joues au square ?

■ Tu évites d'escalader les endroits où tu n'as pas le droit d'aller. **Oui/Non**

■ Tu attends ton tour en haut du toboggan. **Oui/Non**

■ Tu sais qu'il ne faut pas courir avec une sucette dans la bouche. **Oui/Non**

Résultats :
- 3 Oui : c'est très bien, tu es prudent.
- moins de 3 Oui : tu n'es sans doute pas assez prudent. Essaie de faire un peu plus attention.

20 – Et si on chantait sur un air que vous connaissez bien ? propose maintenant Bernard. Écoutez !

Promenons-nous dans les bois
D'la campagne ou d'la montagne
Et les champignons,
nous les chercherons.
Champignon, où es-tu ?

Promenons-nous dans les bois
D'la campagne ou d'la montagne
De jolies boules rouges,
nous rencontrerons.
P'tite boule rouge, qui es-tu ?

À la campagne, de quoi doit-on se méfier ? 21

Les fruits des arbustes comme les **baies** sauvages peuvent renfermer du **poison**. Il ne faut pas les cueillir et encore moins les goûter !

Certains champignons sont **vénéneux** : on ne peut pas les manger. Avant de ramasser des champignons, il faut bien savoir les reconnaître.

Quand on voit un chien tout seul, on peut avoir envie de le caresser. Mais on ne sait jamais s'il ne va pas mordre. Il vaut mieux s'en tenir éloigné !

Quand il fait chaud, il faut se méfier des serpents. Il vaut mieux taper par terre avec un bâton pour les faire fuir et porter des bottes.

À la campagne, beaucoup d'insectes piquent. Sais-tu reconnaître ceux qui ne piquent pas ?

Réponse : la mouche et le papillon.

22 Bernard présente un autre poster aux enfants.

– C'est toi, sur la grande chaise ? demande un garçon.

– Eh oui... répond Bernard en souriant. Avant d'être Capitaine, je surveillais les plages l'été.

– C'est super, les vacances à la mer ! s'exclame Lilou.

– C'est vrai que c'est super, dit Bernard. Mais là aussi, il faut se protéger.

Au bord de la mer, comment se protéger ? 23

Trop de soleil est dangereux pour la peau et les yeux. Protège-toi avec de la crème solaire, un tee-shirt, un chapeau et des lunettes de soleil.

Si tu ne sais pas nager, ne va pas dans l'eau sans tes bouées. Elles te permettent de flotter et de garder la tête hors de l'eau. Sans bouées, tu risques de couler et de ne plus pouvoir respirer.

Rester longtemps sous l'eau est possible, à condition d'avoir une réserve d'**oxygène**, comme ce plongeur.

Sur la plage, selon l'état de la mer, des drapeaux de couleurs différentes signalent les risques de baignade. Relie ces drapeaux à ce qu'ils signifient.

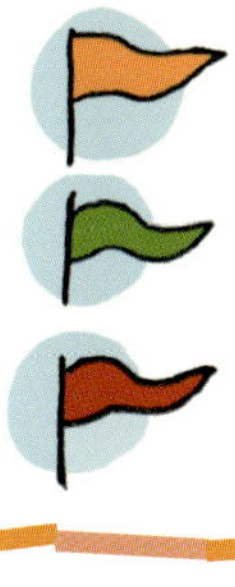

☐ baignade autorisée

☐ baignade dangereuse

☐ baignade interdite

Dans la baignoire aussi, même s'il y a très peu d'eau, il faut faire attention... surtout avec les plus petits.

– Et maintenant, s'exclame Bernard, je vous propose un tour dans mon camion.
– Génial ! s'écrient les enfants.
– Rémi, toi qui sais lire, poursuit Bernard un papier à la main, tu vas clamer les conseils de prudence à tous les passants.
– C'est qui, Prudence ? demande Lilou.
– C'est la prudence, celle qui vous protège, la fée Prudence, comme je l'appelle... répond Bernard.

On entend alors
dans toutes les rues
la voix de Rémi.

« À la maison
Où il fait si bon,
Dans la rue
Au milieu du tohu-bohu,

Ou à l'école
Parmi les farandoles,
Pense à toi
Et protège-toi. »

26 Le jeu du risque zéro

Regarde d'abord le dessin de gauche en cachant celui de droite. Que d'imprudences ! Peux-tu dire les dangers que courent ces enfants ?

Tu peux ensuite regarder l'autre image et voir si tu n'as rien oublié.

Les mots difficiles

Les mots en gras dans le texte sont expliqués ici.

Baie
Fruit charnu à pépins. Les baies sauvages sont des petits fruits ronds qui poussent le plus souvent sur des ronces ou des buissons.

Électrocution
Quand le courant électrique passe dans le corps, il peut faire arrêter le cœur de battre. C'est l'électrocution.

Énergie
C'est ce qui donne de la force. Pour faire avancer une voiture, pour faire marcher les muscles ou encore pour faire briller une lampe, il faut de l'énergie.

Oxygène
L'air est composé de plusieur gaz dont l'oxygène. Quand on respire, les poumons se gonflent et reçoivent l'oxygène nécessaire à la vie.

Poison
Substance dangereuse pour le corps.
Un poison rend malade et peut même tuer.

Vénéneux
Quand il renferme du poison, on dit qu'un aliment est vénéneux : certains champignons sont vénéneux.

Toxique
Se dit de quelque chose qui est mauvais pour tout ce qui est vivant.
Un poison est toxique.